Mohammad Tanvir Sarrwar

Fusões e aquisições - uma perspetiva de recursos humanos

Mohammad Tanvir Sarrwar

Fusões e aquisições - uma perspetiva de recursos humanos

ScienciaScripts

Imprint

Cover image: www.ingimage.com

This book is a translation from the original published under ISBN 978-3-659-83390-8.

Publisher:
Sciencia Scripts
is a trademark of
Dodo Books Indian Ocean Ltd. and OmniScriptum S.R.L publishing group

120 High Road, East Finchley, London, N2 9ED, United Kingdom
Str. Armeneasca 28/1, office 1, Chisinau MD-2012, Republic of Moldova, Europe
Managing Directors: Ieva Konstantinova, Victoria Ursu
info@omniscriptum.com

Printed at: see last page
ISBN: 978-620-8-41470-2

ÍNDICE DE CONTEÚDOS

DEDICAÇÃO

À minha mãe, Fatema Afroz Nasreen, pelo seu apoio e encorajamento constantes.

RECONHECIMENTO

Gostaria de expressar a minha sincera gratidão e agradecimento à minha mulher, Mehree Iqbal, cuja orientação inestimável e comentários perspicazes foram uma bênção ao longo de toda esta investigação. Aprecio a paciência que demonstrou ao orientar-me ao longo da investigação.

RESUMO

O sector retalhista no Reino Unido opera num ambiente muito competitivo. O sector é dominado por um pequeno número de grandes retalhistas. A fim de aumentar a sua quota de mercado e de se tornarem mais competitivos no mercado, os retalhistas estão constantemente a tentar expandir o seu domínio no sector. Para o efeito, as fusões e aquisições de empresas são utilizadas como medida estratégica de expansão.

Esta investigação tem como objetivo as dimensões dos recursos humanos numa Fusão e Aquisição. Ao fazê-lo, o tópico das Fusões e Aquisições empresariais é explorado em pormenor ao longo da investigação. O exemplo real da aquisição dos supermercados Netto pelos supermercados Asda é explorado para encontrar e compreender o objetivo da investigação. A investigação explora as várias fontes académicas e profissionais de escritos e pesquisas para compreender as fusões e aquisições de empresas. A investigação inclui um método prático de investigação, que é empreendido para determinar as dimensões humanas na aquisição da Netto pela Asda. Após a conclusão da investigação através da exploração da literatura e de entrevistas com as organizações, são reveladas as conclusões relativas ao objetivo da investigação. São identificadas as razões por detrás da aquisição e as integrações humanas no processo.

Capítulo 1: Introdução

1.1 Introdução do capítulo

O sucesso de qualquer organização empresarial depende de uma série de factores. Dependendo da natureza da empresa e das estratégias por ela utilizadas, é útil identificar os factores que contribuíram para o seu sucesso. A estratégia orienta o plano a longo prazo da organização, a fim de obter vantagens no ambiente empresarial em mutação e satisfazer as expectativas das partes interessadas (Johnson et.al, 2008), determinando a direção estratégica da organização.

As fusões e aquisições são uma forma comum utilizada por muitas organizações empresariais para expandir as suas actividades. Esta expansão serve um objetivo muito vasto para diferentes empresas. As fusões referem-se à integração com outras empresas e ao controlo conjunto das mesmas. As aquisições, por outro lado, referem-se à compra de outra entidade empresarial e ao seu controlo total. No entanto, para os nossos objectivos actuais, as definições jurídicas exactas de fusões e aquisições não são cruciais, mas a compreensão e a análise da situação que surge após a realização de uma fusão ou aquisição em qualquer ambiente empresarial são importantes e interessantes para a investigação.

As fusões e aquisições são utilizadas estrategicamente por várias razões, mas uma das mais importantes é aumentar a eficiência da empresa. Nessas aquisições e na nova configuração da empresa, vários aspectos têm de ser ajustados. Por exemplo, quando duas empresas se integram, colocam-se algumas questões óbvias - haverá dois ou mais diretores executivos? Quem ficará e quem sairá? Que funções e responsabilidades? etc. Por conseguinte, coloca-se a questão de saber como é que os recursos humanos das duas ou mais organizações que se juntam são combinados e como é que o novo ambiente de trabalho e a cultura da empresa são adoptados pelos empregados.

O departamento de recursos humanos das duas organizações que se fundem deve desempenhar um papel importante durante a integração das empresas. Isto deve-se principalmente ao facto de o capital humano e a afetação dos recursos humanos serem muito importantes, uma vez que podem frustrar o próprio objetivo da integração de melhorar a eficiência. Um exemplo disso de integração empresarial através de fusões e aquisições é amplamente encontrado no sector retalhista do Reino Unido.

Atualmente, o sector retalhista dos supermercados no Reino Unido é fortemente dominado por alguns grandes nomes, que estão constantemente a tentar "agarrar" e manter a sua quota de mercado. Em consequência, os retalhistas adoptam periodicamente várias estratégias para obterem a desejada vantagem sobre os seus concorrentes. Estudos revelam que todos os grandes nomes, como Tesco, Sainsbury's, Morrison, Asda, etc., se fundiram ou adquiriram outras empresas ao longo do tempo, abolindo a sua antiga identidade e englobando-as no seu seio. Estas aquisições e fusões devem-se principalmente a estratégias para se tornarem mais competitivas, aumentarem a quota de mercado e as margens de lucro, aumentarem a solidez financeira, etc. Nestas aquisições e fusões, são feitos vários ajustamentos à estrutura da empresa, aos aspectos financeiros da nova entidade, etc. A investigação pretende explorar o tema, analisando a recente fusão e aquisição da Netto pela Asda.

1.2 ANTECEDENTES DA EMPRESA

A Asda teve origem numa coletividade de lacticínios sediada em Yorkshire e tornou-se um retalhista de produtos alimentares. Em 1999, a Asda foi adquirida pelo gigante retalhista norte-americano Wal-Mart por 11 mil milhões de dólares. Desde então, a Asda representa quase 45% das vendas internacionais da Wal-Mart. A Asda opera no sector da venda a retalho de produtos alimentares no Reino Unido com uma grande variedade de bens e serviços para além da venda a retalho de produtos alimentares. A oferta de produtos da Asda inclui serviços financeiros, serviços de viagem, telecomunicações, serviços alimentares nas lojas, estações de serviço, gama de vestuário de nível privado, produtos farmacêuticos, etc. A Asda é igualmente o operador da gama de vestuário não alimentar "George" e das cadeias autónomas Asda Living. A Asda oferece os seus produtos e serviços aos clientes principalmente através dos seus grandes supermercados e hipermercados no Reino Unido. É considerado o principal operador de hipermercados do Reino Unido, em conformidade com a estratégia histórica da empresa, há muito estabelecida, de *"empilhar alto, vender barato"* (Euromonitor 2011).

A Asda tornou-se o segundo maior retalhista do Reino Unido em 2010, com um valor de acções de 7%. A empresa cumpre os seus objectivos através das suas lojas de maior formato, da venda a granel e da manutenção de preços baixos. A empresa tenta constantemente e espera manter-se em concorrência com o líder de mercado Tesco e Sainsbury's (Euromonitor 2011)

Em 2010, a Asda adquiriu a cadeia de lojas de desconto Netto no Reino Unido à empresa dinamarquesa Dansk Supermarked group, por um preço comunicado de 778 milhões de libras. No total, a Asda adquiriu 194 lojas Netto no Reino Unido. Sendo um retalhista de desconto, a Netto perdeu a concorrência do Aldi e do Lidl. A Netto conseguiu manter os preços baixos graças a uma pequena gama de produtos e, ao mesmo tempo, manter os custos de exploração baixos. O principal objetivo que se depreende da concorrência no sector é que a ASDA adquiriu as lojas Netto com o objetivo de competir melhor com os seus maiores concorrentes, como a Tesco e a Sainsbury's. Tal deveu-se principalmente ao facto de a Asda estar consciente da sua posição no mercado e de operar exclusivamente através do formato de hipermercado de venda a retalho. Assim, a necessidade de lojas de conveniência mais pequenas, semelhantes às da Tesco e da Sainsbury's, era inevitável para aumentar a quota de mercado da empresa (Euromonitor, 2011). Esta aquisição das lojas Netto foi, em certa medida, limitada pelo Office of Fair Trading (OFT) e levou a Asda a vender 47 lojas por se considerar que estava a sobrepor-se à concorrência local. William Smith, o recém-nomeado Diretor-Geral, lidera a equipa que supervisiona a transição e espera que o novo formato das lojas Netto ajude a aumentar a quota de mercado da Asda e, ao mesmo tempo, melhore o desempenho das lojas Netto existentes, que estavam a ter um desempenho inferior (Euromonitor, 2011)

1.3 OBJETIVO DA AQUISIÇÃO

O objetivo empresarial mais vasto da ASDA ao adquirir as lojas Netto era aumentar a sua quota de mercado. O comércio retalhista de produtos de mercearia no Reino Unido opera num ambiente competitivo, com a Tesco a liderar o mercado com mais de 30% da quota de mercado total (Euromonitor, 2011). A Asda, entre outros, é um dos concorrentes da Tesco e da Sainsbury's. A fim de aumentar a quota de mercado, a aquisição da Netto foi muito importante para a empresa. Para além de aumentar a quota de mercado, a aquisição visava atingir vários objectivos. Em primeiro lugar, a Asda estava a ficar para trás em termos de pontos de venda em comparação com os seus concorrentes, que dispunham de uma gama de diferentes formatos de lojas, desde as grandes às mais pequenas. Em segundo lugar, para atrair mais clientes, a necessidade de fácil acesso era importante, uma vez que anteriormente todas as lojas Asda estavam localizadas em grandes parques comerciais normalmente na periferia da cidade. Por último, o facto de se visar a Netto, que é considerada uma empresa de descontos, corresponde estreitamente à estratégia de baixo custo da Asda. Assim, a decisão da gestão de topo de adquirir a Netto teve como principal objetivo a expansão da empresa e o aumento da quota de mercado (Euromonitor, 2011).

1.4 Questão de investigação

Como é que a fusão e a aquisição da Netto e da ASDA afectaram o papel do departamento de recursos humanos em ambas as organizações? Como se processou a integração dos recursos humanos nas organizações?

1.5 Finalidades e objectivos

O objetivo da investigação é analisar criticamente a fusão e a aquisição da Netto pela ASDA e o papel do departamento de RH nas duas organizações.

O objetivo desta investigação é analisar as fusões e aquisições de organizações empresariais em geral e as questões que envolvem o processo de integração. Por conseguinte, os objectivos são os seguintes

1) Analisar de forma crítica a fusão e a aquisição da Netto pela ASDA.

2) Analisar o papel do departamento de Recursos Humanos no processo de integração

empresarial.

3) Identificar os possíveis conflitos que podem surgir no processo.

4) Sugerir formas de facilitar futuras fusões e aquisições por quaisquer outras organizações.

No processo de integração de duas organizações, a forma como o capital humano é integrado e as questões que o rodeiam são de grande interesse para a investigação.

1.6 Âmbito e justificação da investigação

O objetivo da investigação é descobrir como são tratados os recursos humanos nas fusões e aquisições. A investigação debruçar-se-á sobre a gestão dos recursos humanos da ASDA e da Netto no processo de aquisição. Em particular, esta investigação não analisará os aspectos jurídicos e as integrações financeiras das fusões e aquisições.

Interessou-me ainda mais porque a investigação ajudará a compreender o papel da gestão de recursos humanos e a estabelecer uma futura carreira no departamento de recursos humanos. Estudos anteriores sobre gestão estratégica de recursos humanos no âmbito do curso de diploma antes de entrar na dissertação de MBA ajudaram a identificar o interesse em compreender melhor as dimensões humanas de uma organização.

1.7 Panorama da investigação

Em termos gerais, este estudo está dividido em quatro partes, começando pela introdução, revisão da literatura, método de investigação e conclusões. O presente estudo está dividido em sete capítulos. O Capítulo 1 introduz o tema, bem como os antecedentes e o contexto da investigação. Apresenta também claramente as finalidades, os objectivos, a questão de investigação, a importância e a justificação da investigação. O segundo capítulo apresenta a literatura relevante, revê e analisa a literatura. O terceiro capítulo apresenta a metodologia de investigação e o método escolhido para a presente investigação, tentando justificar as razões da seleção do método. O quarto capítulo apresenta os resultados da investigação e a análise dos dados. Neste capítulo, os dados registados são apresentados de forma descritiva e, além disso, são também reveladas algumas conclusões gerais da investigação documental e das observações práticas. No quinto capítulo, os resultados são discutidos em relação aos objectivos e metas da investigação. Neste capítulo, é discutida a resposta à pergunta de investigação. O sexto capítulo conclui a investigação e apresenta recomendações baseadas nos resultados da investigação, bem como as opções para investigação futura. Por último, o sétimo capítulo apresenta a análise do desenvolvimento pessoal que é desenvolvida através da realização da investigação e é feita uma comparação com as competências detidas antes e depois da conclusão da investigação.

CAPÍTULO 2: REVISÃO DA LITERATURA

2.1 INTRODUÇÃO DO CAPÍTULO

Este capítulo debruçar-se-á sobre a literatura relacionada com o tema da investigação. Este capítulo revê e analisa criticamente as dimensões do capital humano nas fusões e aquisições. Trata-se de um tema muito debatido por vários autores, mas poucos deram ênfase à perspetiva dos recursos humanos. Em termos gerais, este capítulo inclui literatura sobre fusões e aquisições e gestão de recursos humanos. Em primeiro lugar, analisará as fusões e aquisições, as suas vantagens e desvantagens, a sua implementação e a sua relação com os recursos humanos. Em segundo lugar, procurará identificar o papel do departamento de recursos humanos em geral e especificamente nas fusões e aquisições.

As fusões e aquisições de empresas e a gestão de recursos humanos é um tema muito debatido por vários autores. As fusões e aquisições podem ser encontradas nas notícias do mundo dos negócios de vez em quando, juntamente com textos de acompanhamento sobre pontos de vista e opiniões de várias fontes académicas e empresariais. A gestão dos recursos humanos, enquanto disciplina, é enriquecida com muitos livros, revistas e artigos. Serão examinados aspectos da estrutura organizacional, da divisão de responsabilidades, da cultura e dos conflitos. Por conseguinte, serão utilizadas informações de várias fontes nesta investigação para cumprir as metas e os objectivos da investigação.

As fusões e aquisições são utilizadas pelas organizações empresariais para vários objectivos estratégicos. Os objectivos comuns incluem o aumento da eficiência, a maximização dos lucros, a conquista de novos mercados, a expansão da atividade, etc. As histórias de sucesso das fusões e aquisições só serão evidentes se todos os objectivos forem cumpridos através de um processo de integração eficaz.

2.2 REVISÃO E ANÁLISE

2.2.1 FUSÕES E AQUISIÇÕES - UMA DEFINIÇÃO

As formas mais comuns de expandir uma empresa incluem uma aquisição estratégica ou a fusão com outra empresa (Businesslink). A fusão é uma situação em que duas ou mais entidades empresariais se fundem e controlam as operações em conjunto. A aquisição é a situação em que uma empresa assume o controlo de outra empresa e passa a controlar totalmente a empresa adquirida. As integrações de empresas têm uma vasta gama de benefícios estratégicos (Galpin e Herndon 2007). No entanto, pode ser utilizada como um instrumento de "esvaziamento de activos", o que significa manter apenas os activos rentáveis da empresa e eliminar os departamentos com fraco desempenho (Pritchett, 1996). As melhores práticas e os erros comuns devem ser abordados juntamente com a questão da fusão cultural da nova entidade (Pritchett, 1996). Assim, é necessário seguir um processo muito bem informado para garantir o envolvimento das pessoas e mantê-las motivadas. (Businesslink)

No entanto, a diferença na definição de fusão e aquisição tem uma questão comum, que é a integração de dois ou mais conjuntos de recursos humanos. Para explorar esta questão, os pormenores da nova configuração em termos de questões jurídicas e financeiras não suscitam discussão, mas exigem antes uma investigação aprofundada sobre a forma como os dois conjuntos de capital humano ou de recursos se fundem no processo?

As fusões e as aquisições são transacções juridicamente diferentes (Hovers, 1973). A literatura tende a tratar as duas de forma semelhante. O dicionário Oxford define uma aquisição como "um ganho direto de algo especialmente útil, e uma fusão como a ligação ou mistura gradual de duas entidades anteriormente distintas. Mas o mecanismo de controlo do grau e a cooperação entre os dois tipos de situações são diferentes. Numa aquisição, a empresa que adquire a outra empresa é responsável pelo controlo total da outra após a conclusão do negócio (Mangham, 1973). De acordo com Humpal (1971), a fusão é considerada como um casamento entre dois iguais, mas é provável que as organizações que se fundem sejam igualmente semelhantes em termos de dimensão e distribuição de poder e que o mecanismo de controlo evolua ao longo do tempo. Por conseguinte, existe a possibilidade de resistência inicial e de conflitos quando a fusão visa assumir o controlo da outra, em especial se houver questões de disputas de recursos humanos (Turner, 1987). Em quaisquer fusões ou aquisições voluntárias, os sentimentos de perda de controlo podem ser evidenciados em alguns casos (Mirvis, 1985). A distribuição do poder na nova configuração é importante a longo prazo, porque se espera que a cultura da parte dominante se torne a cultura da organização recém-formada. Ao decidir sobre as reacções que os trabalhadores poderão ter numa aquisição, é importante fazer a distinção entre o anúncio e as mudanças que eventualmente resultam (Cooper & Cartwright, 1990). Muitas fusões e aquisições dão às organizações a oportunidade de se reconstruírem e redefinirem com novos objectivos. Assim, para que isso se torne realidade, o papel quotidiano dos recursos humanos tem de estar de acordo com o novo objetivo (Siegenthaler 2011).

2.2.2 O OBJETIVO DAS FUSÕES E AQUISIÇÕES

As fusões e aquisições são utilizadas como uma decisão estratégica para atingir vários objectivos. Uma outra forma de discutir a questão da aquisição ou, mais precisamente, da cooperação entre duas ou mais organizações são as "alianças estratégicas", que abrangem a situação na sua globalidade. As alianças estratégicas podem assumir várias formas - podem ser fusões ou aquisições, concessão de licença, operação de franchise, relação contratual, etc. (Mintzberg et.al, 2003). Por exemplo, as fusões podem ser utilizadas para expandir para novos mercados, aumentar a quota de mercado, aumentar a eficiência, aumentar os conhecimentos e afetar os recursos de forma eficaz. O objetivo de uma fusão pode ser frustrado se as práticas de recursos humanos não forem integradas após a fusão (Shrivastava, 1986). A necessidade de abordar a questão dos recursos humanos é importante e, por conseguinte, exige uma política clara que defina o plano de integração das responsabilidades e do controlo. As fusões são geralmente mal compreendidas e geridas, especialmente no que se refere às questões de recursos humanos, terminam frequentemente em alienação ou não satisfazem as expectativas de desempenho (Business Week, 1985; Louis, 1982), como citado por (Napier, 1989)

A literatura sobre fusões e aquisições relacionada com a gestão de recursos humanos trata principalmente de questões de implementação e de resultados (Marks e Mirvis, 1985, Bastien, 1987, Sinetar, 1981 como citado em Napier 1989). Outras áreas de investigação sobre fusões incluem discussões sobre as razões pelas quais as empresas adquirem ou se fundem (Jensen e Ruback, 1983, Halpern, 1983) e o processo de planeamento e implementação bem sucedida de uma fusão ou aquisição, incluindo o processo de negociação (O'Conor, 1985, Napier 1989). A literatura sobre estas áreas não menciona adequadamente as questões de recursos humanos como um objetivo subjacente à fusão e aquisição. No entanto, em organizações que operam no sector das tecnologias informáticas, observa-se frequentemente que as fusões têm lugar para adquirir conhecimentos e aceder a pessoas talentosas para aprender mais, por exemplo, a aquisição de várias pequenas empresas especializadas em software pela Apple Inc. (De Witt e Meyer 2010 p.688). Assim, isto sugere que a necessidade de aumentar a eficiência da força de trabalho é um objetivo subjacente às fusões e aquisições.

2.3 Realização de fusões e aquisições

Para que a aquisição seja bem sucedida e cumpra os seus objectivos, é necessário ter em conta todos os factores de execução. Várias empresas de consultoria de gestão publicaram estudos úteis sobre o desempenho das fusões e aquisições, que também consideram a rapidez da integração como um potencial fator de sucesso (Mercer Management Consulting, 1997, Fujitsu Consulting, 2001 e PriceWaterhouseCoopers, 2000). Em geral, estes estudos fornecem algumas indicações de que a rapidez da integração está positivamente relacionada com o êxito das fusões e aquisições. Argumenta-se frequentemente que uma implementação rápida das mudanças é importante porque reduz a possibilidade de incerteza entre os membros das organizações que se fundem. No entanto, como se baseiam em grandes amostras, estes estudos não cumprem os requisitos básicos da investigação académica em termos de amostragem, medição e análise de dados. Além disso, os estudos não abordam adequadamente as circunstâncias em que a rapidez pode ser mais ou menos benéfica para o êxito das F&A (Homburg & Bucherius 2006).

Muitas questões relacionadas com os recursos humanos são susceptíveis de ser levantadas durante a fase de implementação e, por este motivo, a implementação tem sido um tema de investigação em matéria de recursos humanos em situações de aquisição. As questões importantes encontradas nos vários estudos dizem respeito à importância das comunicações internas formais antes e durante uma fusão ou aquisição (Bastien, 1987, Perry, 1986, Graves, 1975, Schweiger e DeNisi, 1987), às mudanças prováveis na estrutura organizacional e na divisão de responsabilidades (Adams e Shea, 1986, Mirvis, 1985) e aos problemas de fusão de diferentes culturas organizacionais e de práticas e políticas de recursos humanos (Siehl et.al, 1987, Leighton e Tod, 1969, Marks e Mirvis, 1985, Gill e Foulder, 1978 e Buono et.al, 1985). A literatura sobre o impacto das fusões e aquisições nas questões de recursos humanos tem sido limitada em vários aspectos, com algumas excepções (Buono et al., 1985, Siehl et al., 1987, Schweiger e Ivancevich, 1987, como citado em Napier, 1989).

Em primeiro lugar, existe pouca literatura que defina as mudanças reais que afectam os aspectos dos recursos humanos nas empresas associadas. Muitas vezes, a literatura baseia-se em relatórios subjectivos (Brockhaus, 1975), estudos de casos gerais (Stewart et.al, 1963), ou informações sobre o que aconteceu apenas numa das duas empresas (Mirvis, 1985). Em segundo lugar, é a falta de distinção entre a forma como as mudanças na organização variam e como estão relacionadas com o processo de integração (Schweiger e Ivancevich, 1987, Uemison, 1987). Por exemplo, nas aquisições em que a empresa adquirida é autorizada a desenvolver as suas actividades por si só, como mudam as práticas e as políticas de recursos humanos, em comparação com as situações em que duas organizações se misturam ou incorporam vários sistemas, por exemplo, processamento de dados e marketing? Que práticas de recursos humanos são fundidas neste processo e de que forma? Finalmente, que acções ocorrem durante as várias fases de uma aquisição ou fusão? Uma fusão ou aquisição pode muitas vezes ser um processo moroso, mas é frequentemente superior a um ano na maioria das situações (Napier, 1989). Assim, ainda é necessário explorar quais as questões dos departamentos de recursos humanos que são tidas em conta no processo de implementação das organizações que se fundem. Grande parte da literatura disponível trata das complexidades jurídicas das integrações financeiras e das aquisições, mas apenas alguns aspectos relacionados com os recursos humanos, para além dos pormenores sobre os requisitos legais de informação da força de trabalho, são discutidos em muitos estudos.

2.4 DIFERENÇAS CULTURAIS DAS ORGANIZAÇÕES ASSOCIADAS

A cultura organizacional desempenha um papel importante no funcionamento de uma organização e as diferenças culturais são cada vez mais reconhecidas como uma causa de problemas de fusão e, eventualmente, de fracasso da fusão (BIM, 1986, Altendorf, 1986, Hunt, 1988). No entanto, na compreensão das fusões e aquisiçoes, a perspetiva cultural está a ser reconhecida como uma fusão da cultura nas duas organizações, pelo que a questão da interação entre os dois sistemas de cultura está a tornar-se importante (Jemison & Sitkin, 1986). No entanto, ainda se está numa fase prematura em que as questões de vários factores culturais estão a ser consideradas nas investigações, mas, apesar disso, vários factores individuais, tais como diferentes estilos de gestão (Kitching, 1967, Barrett, 1973,) filosofias empresariais, contexto e dimensão (Humpal, 197l), climas organizacionais, disposições e normas comportamentais (Handy, 1985, Schein, 1985), estão a ser reconhecidos como importantes para o sucesso da fusão de recursos organizacionais e humanos (Cooper & Cartwright, 1990).

No funcionamento quotidiano de uma organização, a cultura funciona de uma forma "tida como garantida" (Schein, 1985), e só coloca questões quando a forma habitual de fazer o trabalho recebe atenção para a mudança (Mirvis & Sonka, 1983). Reconhece-se que as fusões e aquisições perturbam a paz na cultura organizacional e são os maiores perturbadores da paz cultural, conduzindo frequentemente a colisões culturais (Buono, Bowditch & Lewis, 1985, Walter, 1985). Esta situação provoca ambientes de trabalho ambíguos, aumenta a possibilidade de conflitos e de stress entre os trabalhadores, o que tem efeitos adversos no desempenho e na eficiência da organização. Num estudo relativo a uma fusão "amigável" de duas caixas económicas bastante semelhantes

(Buono, Bowditch & Lewis, 1985), verificou-se que a diferença de culturas organizacionais provocou uma colisão entre os dois conjuntos de bancos que se fundiram e resultou em situações hostis. O inquérito pós-fusão, realizado cerca de um ano mais tarde, mostrou que os antigos empregados da cultura deslocada não estavam satisfeitos e empenhados do que os empregados cuja cultura tinha sido mantida pela nova organização combinada. Em comparação, antes da fusão, a mesma força de trabalho tinha atitudes mais favoráveis em relação à mudança organizacional do que o outro grupo. O estudo sugeriu que a experiência do choque cultural influenciou grandemente a reação dos trabalhadores, embora a falta de comunicação e o tratamento insensível tenham contribuído provavelmente para isso (Cooper e Cartwright 1990). Isto sugere que a mudança na cultura e no padrão a que os empregados estão habituados a trabalhar pode ser frustrada numa situação de fusão e, o que é mais alarmante, perturbar o próprio propósito ou objetivo da integração.

As culturas nas organizações são a forma como os trabalhadores da empresa dão sentido à experiência que adquiriram, é a forma como as coisas são feitas numa empresa e fornece orientações sobre o que deve ou não ser feito (Frankema, 2001). De acordo com Frankema (2001), a cultura numa organização tem três objectivos. O primeiro é a adaptação externa, o segundo é a integração interna e, por último, a redução dos sentimentos de incerteza e medo. O mesmo autor sugere ainda que, se as culturas forem integradas de uma forma que permita o desenvolvimento da confiança e da cooperação mútuas, as empresas que as integram serão fortalecidas.

A entrada numa nova cultura é suscetível de produzir um choque cultural, mas um processo de implementação eficaz e a motivação ou a formação e o desenvolvimento podem tornar a situação mais agradável para as organizações que se fundem, criando assim a aceitabilidade da nova cultura (Cartwright & Cooper, 1989, Nahavandi & Malekzadeh, 1988, Viljoen, 1987). De acordo com Graves (1981), as fusões bem sucedidas não só precisam de impor uma cultura a outra, mas também de criar um conjunto totalmente novo de ambiente cultural que seja aceite por todas as partes interessadas, por exemplo, novas localizações geográficas (Cartwright & Cooper,

1989). Assim, observa-se que a cultura organizacional é um fator importante que tem o potencial de perturbar a paz das organizações que se fundem, mas que pode ser ultrapassado através de intervenções eficazes do departamento de recursos humanos e da promoção e motivação de um novo espírito na força de trabalho.

2.5 O EFEITO PROVÁVEL SOBRE O CAPITAL HUMANO NUMA FUSÃO E AQUISIÇÃO

A maior parte da literatura não é específica sobre as acções e respostas que ocorrem antes do anúncio da fusão e durante o período em que as negociações para a fusão são consideradas pelos organismos governamentais e pelas partes envolvidas e, finalmente, sobre o que acontece depois de a fusão se tornar realmente efectiva. Há alguns exemplos em que os investigadores estão a começar a abordar esta questão (Buono, Bowditch e Lewis, 1988, Ivancevich, Schweiger e Power, 1987). Por exemplo, (Buono et.al, 1988) sugerem várias conclusões gerais. Em primeiro lugar, não existem regras específicas para o êxito das integrações (Paine e Power, 1984). Este facto é geralmente considerado verdadeiro para as questões relacionadas com os recursos humanos. Em segundo lugar, a investigação disponível explora frequentemente as questões de recursos humanos apenas da perspetiva de uma empresa, quer da empresa-alvo, quer do parceiro da fusão (Mirvis, 1985), mas os investigadores estão agora a examinar ambas as dimensões. Grande parte da investigação sobre as actividades de recursos humanos associadas às fusões parece ter surgido inicialmente na década de 1960 (Leighton e Tod, 1969, Stewart et. al, 1963), existindo um nível comparável e crescente de investigação na década de 1980 (Bastien, 1987, Pappanastos, Hillman e Cole, 1987, Schweiger, Ivancevich e Power, 1987). Por último, a literatura anterior sobre fusões era frequentemente limitada e geral (Brockhaus, 1975, Cabrera, 1982). Contudo, nos últimos tempos, as intervenções prováveis da legislação, como o direito de informar os trabalhadores sobre as aquisições, estão a abordar de forma mais adequada as questões de litígios prováveis.

Um número muito elevado de fusões e aquisições tende a fracassar, uma vez que a maioria das fusões é concebida tendo como objectivos principais as integrações comerciais e financeiras, ignorando os factores psicológicos e culturais como preocupações secundárias (Frankema, 2001). Uma análise cuidadosa pode conduzir a melhores resultados.

Os efeitos no capital humano das organizações que se fundem podem causar stress e sentimentos de perda e criar incertezas (Cooper & Cartwright 1990). É provável que os trabalhadores se preocupem com uma série de questões na sequência de uma fusão ou aquisição, incluindo a segurança do emprego, a perda de identidade e de autonomia, a falta de informação, as perspectivas de carreira, as novas relações de trabalho, os ambientes de trabalho incertos, o desempenho profissional, a questão das transferências, etc., que podem conduzir a potenciais "factores de stress" da fusão (Schweiger & Ivancevich, 1985, Bruckman & Peters, 1987). Assim, verifica-se que várias questões relacionadas com o emprego podem afetar a força de trabalho numa situação de fusão e aquisição. No entanto, uma integração adequada e a facilitação de soluções mais certas para as ansiedades conduzirão a uma integração harmoniosa.

2.6 A QUESTÃO DO PARENTESCO

O papel da relação de parentesco tem atraído alguma atenção na investigação sobre fusões e aquisições (Chatterjee, 1986, Lubatkin, 1987 e Seth, 1990). O parentesco refere-se a aspectos das organizações que se fundem, tanto a nível externo como interno.

A investigação relativa à primeira categoria, (relação externa) trata da relação entre as empresas envolvidas no que diz respeito à forma como as duas empresas estão relacionadas no mercado em que operam, ou seja, o produto e o serviço que oferecem. No que diz respeito à relação externa, Capron e Hulland (1999) e Mitchell e Swaminathan (2001) sugerem que quanto mais as empresas estiverem relacionadas externamente com o mercado em termos das suas ofertas ao mercado, maior será a probabilidade de existir uma sinergia após a integração. Em alternativa, um estudo realizado por Shelton (1988) revela que também pode existir um potencial de sinergia significativo, mesmo com uma baixa relação externa com os mercados em que operam. Assim, o estudo revela conclusões contraditórias, segundo as quais a relação externa pode ser um bom sinal e, ao mesmo tempo, pode não ser o mesmo. Um estudo efectuado por Hagedorn e Duysters (2002) considera que a semelhança entre as empresas objeto de fusão no que diz respeito às tecnologias dos produtos é benéfica. Outros autores (Barney, 1986, Salter e Weinhold, 1978, Harrison et.al, 1991, citados em Homburg e Bucerius 2006) apresentam argumentos teóricos segundo os quais, no caso de um baixo nível de relação no que diz respeito ao posicionamento no mercado, as empresas envolvidas podem beneficiar umas das outras e também explorar sinergias.

A relação interna refere-se aos estilos de gestão da empresa resultante da fusão, que podem ser semelhantes aos das culturas organizacionais (Chaterjee et.al, 1992). Foi sugerido que quanto mais diferentes forem as relações internas das empresas, mais prejudicial será para as organizações objeto da fusão (Homburg e Bucherius 2006). Assim, observa-se que quanto mais as empresas estão relacionadas internamente em termos de estilos de gestão ou de cultura, mais benéfico é para as organizações objeto de fusão. Por outro lado, a relação externa dá-nos opiniões contraditórias. Mas é provável que o efeito da combinação de diferentes estilos de gestão conduza a algumas questões a ajustar.

2.7 O papel do departamento de Recursos Humanos no processo de integração

A gestão de recursos humanos refere-se a todas as decisões e práticas de gestão que afectam ou têm influência sobre as pessoas que trabalham para a organização. (Mullins 2007) Vários autores descreveram o papel dos departamentos de recursos humanos e as questões óbvias que emergem e que se espera que sejam tratadas pelo departamento de recursos humanos, numa situação de fusão e aquisição, é a forma como os RH ajudam a integração e como concebem a nova estrutura e dividem a responsabilidade (Galpin e Herndon, 2007). A transformação dos RH pode ser efectuada por fases - em primeiro lugar, construindo o caso de negócio que estabelecerá os padrões, a satisfação e a simplicidade, em segundo lugar, definindo claramente o novo resultado da transformação, como o aumento da eficiência, da velocidade e da qualidade, em terceiro lugar, redesenhando os recursos humanos e equipando-os com práticas e processos e, finalmente, envolvendo os gestores de linha e outros no processo global (Dave et.al, 2009). Do mesmo modo, para facilitar a mudança nos recursos humanos da organização, o departamento de RH pode adotar um processo em oito etapas (Kotler, 1996)

De acordo com Siegenthaler (2011), o departamento de RH deve seguir cinco etapas. Em primeiro lugar, tornar a nova visão tangível, o que significa que os RH devem traduzir a visão criando um ambiente de trabalho em que a nova cultura ou estilos de gestão sejam adequadamente incorporados nos vários níveis da organização. Em segundo lugar, deve existir uma equipa de integração, constituída por pessoas cuidadosamente selecionadas que darão prioridade à nova visão, devendo ser-lhes sempre prestada assistência para garantir o cumprimento dos seus objectivos. Em terceiro lugar, o papel de comunicação dos RH, que significa não só fazer apresentações formais, mas também uma comunicação mais eficaz da nova visão e das expectativas, deve ser construído no espírito da força de trabalho a todos os níveis da organização. Em quarto lugar, as questões de desempenho e desenvolvimento devem ser corretamente concebidas para facilitar a nova responsabilidade. Para tal, é necessário assegurar uma análise adequada do desempenho e, simultaneamente, disponibilizar formação e desenvolvimento adequados. Por último, a função de RH deve pensar para além da integração da empresa. Uma fusão e uma aquisição criam muita excitação, "burburinho", caos, etc. (The News), mas assim que o ambiente se normaliza, há que ter sempre presente que as novas funções e responsabilidades devem ser corretamente integradas na força de trabalho.

Assim, o departamento de recursos humanos tem de desempenhar um papel vital no processo de integração, pelo que é importante garantir que a competência dos profissionais de RH seja adequada para satisfazer os requisitos de integração.

Antes de começar a determinar o papel do departamento de RH, é importante verificar a formação e o desenvolvimento do profissional de RH na organização que conduzirá a um maior desenvolvimento da força de trabalho (Antila e Kakkonen, 2007). A decisão de fusão ou aquisição é tomada pelos executivos de topo e estes devem orientar os RH para o novo objetivo.

Frankema (2001) identifica três tarefas principais da gestão, considerando três ameaças principais ao sucesso num processo de integração. Em primeiro lugar, conceber uma estrutura de cooperação, em segundo lugar, gerir a cooperação interna entre departamentos e, por último, gerir os compromissos dos trabalhadores.

O principal objetivo do papel dos RH após a integração consiste em utilizar eficazmente as capacidades existentes. Assim, ajudará a encontrar falhas no processo de integração e, eventualmente, facilitará os requisitos de formação e desenvolvimento necessários. As empresas que se fundem podem reduzir os custos de produção, de detenção de stocks, de marketing, de publicidade e de distribuição integrando departamentos e funções semelhantes (Rappaport, 1987).

2.8 GESTÃO DA MUDANÇA

Atualmente, o número crescente de fusões e aquisições, tanto a nível nacional como internacional, exige uma formação eficaz em gestão da mudança para os profissionais de RH. A comunicação, a confiança, a cultura, a liderança e a gestão do stress são os factores-chave para o êxito das fusões e aquisições (Appelbaum et.al, 2007). Do mesmo modo, quando a ASDA foi adquirida pela cadeia de retalho americana Wal-Mart em 1999, as questões da criação de confiança e amizade e da familiarização do pessoal da ASDA com a cultura mais vasta da Wal-Mart foram promovidas em toda a empresa (Pollitt 2004). De acordo com Bechtel e Squiress (2001), mais de 50 % das fusões fracassam por não conseguirem alcançar as sinergias esperadas devido ao facto de não terem implementado a mudança de forma eficaz.

Assim, a necessidade de gestão da mudança e de identificação de modelos adequados, em que as questões de confiança, comunicação e formação cultural são consideradas, deve ser tida em conta para facilitar a mudança. As questões de incerteza devem ser abordadas no processo e os trabalhadores devem ter um objetivo e uma visão claros.

Três áreas principais de fricção podem surgir e prejudicar a produtividade (Frankema, 2001). Em primeiro lugar, a experiência de trabalho quotidiana dos membros, em segundo lugar, as relações internas entre os departamentos e as relações ambientais da organização. A forma de trabalhar quotidiana pode levar à resistência à mudança, uma vez que os trabalhadores estão habituados a fazer as coisas de uma determinada forma. A integração interna dos serviços e a cooperação também podem causar dificuldades se os serviços não estiverem a cooperar entre si.

Outro conceito importante é introduzido na integração da mudança de cultura, que é a "aculturação" (Larsson e Lubatkin, 2001). A "aculturação" em fusões e aquisições refere-se ao resultado de um processo de cooperação em que os valores, pressupostos e crenças de duas forças de trabalho anteriormente separadas formam uma cultura combinada sem ter de alterar totalmente a cultura anterior. Assim, a necessidade de alterar as questões culturais pode ser resolvida através da adoção mútua de uma cultura conjunta, o que facilitará a gestão da mudança. Assim, a necessidade de uma gestão eficaz da mudança é importante, uma vez que frustrará o objetivo da integração. Qualquer resistência e comportamento de fricção tem de ser tratado com competência pela direção.

CAPÍTULO 3: METODOLOGIA DE INVESTIGAÇÃO

3.1 INTRODUÇÃO DO CAPÍTULO

Este capítulo trata dos vários métodos de investigação à disposição do investigador. Em termos gerais, este capítulo analisa a forma como uma investigação pode ser abordada, a estratégia que pode ser adoptada e a filosofia subjacente a um determinado método. Este capítulo debruçar-se-á especificamente sobre as várias estratégias de investigação e as opções disponíveis para abordar uma investigação. Explorará os vários métodos de recolha de dados e os métodos de análise desses dados e apresentará as informações obtidas de forma adequada.

O objetivo específico deste capítulo será encontrar o método de investigação adequado para a presente investigação e justificar as razões para selecionar ou não um determinado método. A consideração primordial será a de tentar identificar o melhor método disponível para efetuar qualquer investigação empresarial que possa ser útil para o trabalho futuro nos departamentos de recursos humanos relevantes. Assim, este capítulo centrar-se-á na compreensão e aplicação dos conhecimentos relevantes para a realização da investigação.

3.2 PROCESSO DE METODOLOGIA DE INVESTIGAÇÃO

A metodologia de investigação refere-se ao fluxo global do projeto, à conceção da investigação para validar a natureza da investigação, à seleção dos inquiridos adequados para a recolha de dados, à seleção de várias fontes de informação e à análise para racionalizar as fontes de dados e a limitação do projeto. Existe uma diferença entre métodos e metodologia. Os métodos referem-se ao processo e às técnicas de recolha de dados, enquanto a metodologia se refere à descrição e análise globais dos métodos (Cohen et. al, 2000).

Para avançar com a investigação, é importante seguir um caminho específico, tal como sugerido por vários académicos para a realização de uma investigação empresarial. Assim, a metodologia de investigação refere-se principalmente à estratégia, abordagem, processo e filosofia que está a ser utilizada para realizar a investigação (Saunders et.al 2000). Além disso, a metodologia refere-se à escolha do método correto para a recolha e análise de dados após a escolha entre os vários métodos sugeridos.

3.3 ABORDAGEM DE INVESTIGAÇÃO

A abordagem de uma investigação determina a forma como a investigação vai ser conduzida. Uma vez determinada a questão a investigar, determinam-se os vários elementos da investigação e cria-se um foco para abordar a questão fundamental da investigação. Ao fazê-lo, uma investigação pode ser abordada de duas formas. Estas são a abordagem dedutiva e a abordagem indutiva. Na abordagem dedutiva, é escolhida uma hipótese e, através de testes e exames rigorosos, chega-se a uma determinada conclusão. Na abordagem dedutiva, é geralmente escolhida uma hipótese ou suposição e, em seguida, durante a investigação, tenta-se provar ou refutar essa hipótese através da análise de várias informações obtidas de diferentes fontes (Cohen et.al, 2007).

No método indutivo, o objetivo é formar uma ideia através da exploração de várias fontes de informação onde é necessário acrescentar informação (Saunders et.al 2000). Para o objetivo desta investigação, é desejável um método indutivo, uma vez que serão obtidas informações de várias fontes para encontrar a integração dos recursos humanos numa situação de fusão e aquisição. Não atrai o método dedutivo, uma vez que não há nenhuma suposição ou hipótese envolvida. Assim, para completar a análise, são necessárias informações relativas ao sector retalhista e à aquisição da Netto pela ASDA para acrescentar valor à investigação.

3.4 ESTRATÉGIA DE INVESTIGAÇÃO

Depois de decidida a abordagem, determina-se a estratégia de investigação. A estratégia refere-se ao plano geral sobre a forma como a investigação será efectuada. Refere-se às fontes de informação para o objetivo da investigação e à forma como a informação será acrescentada à investigação (Saunders et.al 2000). Assim, a investigação pode ser teórica ou empírica. A investigação teórica refere-se à utilização de informações provenientes de escritos de outros sem qualquer envolvimento direto na observação ou recolha de dados. Uma investigação empírica refere-se à utilização de observações e à recolha de dados reais (Saunders et.al 2000)

Em geral, são utilizados dois tipos de dados para qualquer trabalho de escrita ou investigação académica relacionada com as empresas. Trata-se de dados primários e de dados secundários. Para além disso, os dados podem ser qualitativos ou quantitativos. Mas antes disso, é necessário determinar a filosofia da investigação. A filosofia da investigação pode ser o positivismo ou a fenomenologia (Cohen et.al. 2000). O positivismo é geralmente derivado das ciências naturais e a fenomenologia é derivada das ciências sociais. Estas filosofias podem ser atribuídas ao método dedutivo e indutivo já referido. O positivismo exige uma abordagem dedutiva e a fenomenologia exige uma abordagem indutiva. A presente investigação atrai um estudo empírico, uma vez que é necessária a recolha de informações junto das organizações envolvidas e, ao mesmo tempo, exige um estudo teórico dos vários escritos académicos sobre a questão e o objetivo da investigação.

Neste momento, é necessário adotar uma conceção de investigação adequada para facilitar a recolha de informações e determinar os tipos de dados necessários para a investigação. Os dados podem ser primários ou secundários.

Os dados primários referem-se à informação direta da fonte, ou seja, entrevistas, inquéritos, etc. A recolha e a apresentação de dados primários ajudam a compreender os resultados e, assim, proporcionam uma melhor visão para atingir o objetivo.

Os dados secundários referem-se a escritos como livros e revistas, etc. Isto significa que os dados podem ser quantitativos ou qualitativos. Os dados quantitativos referem-se a números e números e os dados qualitativos referem-se aos elementos descritivos do assunto (Saunders et.al 2000).

A estratégia que será adoptada para esta investigação incluirá tanto dados primários como dados secundários. Os dados primários serão recolhidos através de uma entrevista com o pessoal da ASDA-Netto, de preferência no departamento de RH. Para falhar, terei de escrever para o departamento de RH e pedir uma entrevista. Os dados secundários serão recolhidos de vários livros, revistas, notícias, artigos e serão utilizadas as comparações necessárias de outras integrações bem sucedidas. A maior parte dos dados secundários são recolhidos durante o estudo documental do tópico de investigação e a revisão da literatura.

A investigação será de natureza qualitativa, uma vez que irá descobrir e identificar ideias sobre o papel dos RH nas fusões e aquisições. Na investigação, o investigador utilizará perguntas abertas, não estruturadas e de sondagem nas entrevistas e gerará dados qualitativos para fornecer uma visão preliminar e uma compreensão das questões de RH. Trata-se de uma investigação exploratória, uma vez que clarifica a natureza do problema a resolver e o investigador não está bem familiarizado com os problemas de RH na ASDA, necessitando de informações adicionais e recentes para produzir recomendações que facilitem a tarefa de outros retalhistas de grandes superfícies (Ghauri e Gronhaug, 2002).

Para corroborar esta ideia, foi efectuada uma análise intensiva de dados secundários na etapa seguinte. A lacuna de investigação foi identificada, uma vez que não existem diretrizes específicas sobre como lidar com os recursos humanos com diferentes culturas organizacionais. Isto conduz a investigação à etapa seguinte, em que foi desenvolvida a questão de investigação. Após uma extensa pesquisa bibliográfica, a pergunta de investigação 'que papel desempenha o departamento de recursos humanos no processo de integração? E como é que o

A pergunta "Como é que as fusões e aquisições da Netto e da ASDA afectaram o papel do departamento de Recursos Humanos em ambas as organizações? Segue-se a parte da conceção da investigação, uma vez que o projeto se baseia na investigação qualitativa, o quadro e a análise dos dados serão baseados em entrevistas. O quadro de recolha de dados basear-se-á na análise primária. O passo seguinte consiste em analisar a informação recolhida nas entrevistas através de uma técnica interpretativa que é a impressão do observador (Ghauri e Gronhaug, 2002), uma vez que o objetivo desta ferramenta é analisar determinados dados centrando-se numa determinada teoria. Permitirá analisar o papel dos RH nas organizações que se fundem e formular recomendações em conformidade, o que constitui o único objetivo do projeto. A adoção desta estratégia ajudará a identificar o desenvolvimento pessoal necessário para realizar qualquer investigação futura sobre questões relacionadas com as empresas.

3.5 CONCEÇÃO DA INVESTIGAÇÃO

A conceção da investigação refere-se aos vários elementos relacionados com a apresentação, análise, registo e recolha de dados ou informações. O objetivo geral consiste em formular uma conceção que será utilizada para chegar a determinadas conclusões (Saunders et.al 2000). Para o nosso propósito, trata-se de encontrar o objetivo da investigação. Este estudo destina-se aos profissionais de RH, aos estudantes e, sobretudo, como a aquisição da Netto é recente, espera-se atrair leitores interessados em compreender as fusões e aquisições e o papel dos RH neste processo. O estudo foi concebido de forma a facilitar uma análise descritiva do objetivo da investigação.

3.6 TÉCNICA DE AMOSTRAGEM

A fim de recolher dados, é necessário selecionar os inquiridos adequados para cumprir adequadamente o objetivo da investigação. Ao fazê-lo, o investigador pode dispor de várias fontes de informação, mas é necessário adotar uma técnica adequada para determinar corretamente os inquiridos importantes. Para o efeito, existem várias técnicas fornecidas por diferentes autores de métodos de investigação.

As amostras de investigação dividem-se, em termos gerais, em duas categorias: amostragem probabilística e amostragem não probabilística.

3.6.1 AMOSTRAGEM PROBABILÍSTICA

Este tipo de técnica de amostragem tenta escolher uma amostra que seja representativa da população total ou dos inquiridos. Esta técnica baseia-se na probabilidade, o que significa que é escolhida uma amostra mais representativa, reduzindo assim as possibilidades de enviesamento, e é selecionada por meios objectivos e não por meios subjectivos (Saunders et.al 2000). Este tipo de técnica permite ao investigador aplicar medidas estatísticas para determinar a amostra. Os tipos de amostras probabilísticas disponíveis são os seguintes, de acordo com Saunders et.al, (2000).

Amostragem aleatória - este tipo de amostragem dá ao investigador a opção de escolher aleatoriamente entre a população total. Pode ser uma simples técnica de seleção ou pode ser feita de olhos fechados. Esta técnica considera a amostra total e escolhe-a aleatoriamente.

Amostragem sistemática - quando a população é muito grande, pode ser adoptada uma abordagem sistemática para selecionar as amostras. Por exemplo, pode selecionar-se uma lista de 1000 pessoas e escolher um número de 10 em 10. Ao contrário da amostragem aleatória, esta técnica permite uma abordagem sistemática em vez de aleatória.

Amostragem estratificada - implica que a população seja dividida em função de uma determinada caraterística antes de se proceder à seleção aleatória da amostra. Por exemplo, pode selecionar-se primeiro uma população constituída por várias categorias de inquiridos com vários níveis numa organização. Em seguida, selecionar aleatoriamente a partir da população.

Amostragem por conglomerados - neste caso, a população é constituída por grupos e é objeto de uma amostragem por conglomerados. Em seguida, pode ser selecionada uma amostra aleatória de grupos para obter informações.

Amostragem em vários estádios - este tipo de amostragem é uma versão alargada da amostra por conglomerados em que está envolvido um grande grupo, especialmente em estudos geográficos de grande dimensão.

3.6.2 AMOSTRAGEM NÃO PROBABILÍSTICA

Este tipo de amostragem baseia-se principalmente numa avaliação subjectiva e não numa escolha aleatória. Proporciona uma melhor amostra para a investigação exploratória e é específica em relação ao grupo ou população-alvo. Os tipos disponíveis nesta categoria são

Amostragem por conveniência - aqui são selecionados os inquiridos mais facilmente ou convenientemente disponíveis para participar na investigação.

Amostras de julgamento - neste caso, os inquiridos são especificamente selecionados para participar na investigação. Esta técnica não permite a representação da população total, mas os inquiridos necessitam de conhecimentos especializados e de experiência específica. Este método é utilizado na investigação exploratória, quando é necessária a opinião de pessoas específicas.

Amostras de bola de neve - neste caso, é selecionado um grupo de pessoas com a mesma opinião e, em seguida, são recolhidas informações.

Para esta investigação, é desejável uma amostra não probabilística, uma vez que se trata de uma investigação exploratória e só a informação proveniente dos inquiridos visados acrescentará valor às conclusões e ao objetivo da investigação. A questão específica da integração dos recursos humanos nas organizações em estudo exige respostas de um número fixo de pessoas, que são os gestores de RH e os trabalhadores das organizações.

3.7 TAMANHO DA AMOSTRA

A dimensão da amostra refere-se ao número de inquiridos para a investigação. Isto implica claramente determinar quem e quantas pessoas devem ser entrevistadas. Dependendo do tipo de investigação e do objetivo, as amostras são determinadas.

.

Uma vez que o presente estudo se baseia numa investigação qualitativa, a dimensão da amostra dos entrevistadores será pequena e não aleatória (7-15 pessoas). A amostra será constituída pelos trabalhadores do sector retalhista dos grandes armazéns. Os gestores, os gestores de área e os empregados em geral receberão um questionário semi-estruturado para responder. Além disso, estas respostas serão incluídas na parte das conclusões da investigação e darão valor acrescentado à recomendação.

3.8 INSTRUMENTOS DE RECOLHA DE DADOS

Existem vários métodos para obter os dados necessários para qualquer investigação. Consoante a natureza da investigação e os dados necessários a obter, o investigador escolhe a melhor opção disponível. Os métodos mais populares para obter dados primários são a entrevista e a elaboração de um questionário. Uma entrevista pode incluir uma interação cara a cara, por telefone ou por correio eletrónico. Um questionário inclui um conjunto de perguntas, cujo objetivo é obter as respostas à pergunta ou ao objetivo da investigação. Os dados obtidos podem depois ser registados de várias formas. Por exemplo, a entrevista pode ser gravada com autorização.

3.9 PERGUNTAS DA ENTREVISTA

Um questionário inclui normalmente um conjunto de perguntas. O conjunto de perguntas pode ser não estruturado, semi-estruturado ou estruturado. Esta pergunta de investigação será uma combinação de perguntas semi-estruturadas e estruturadas (Ghauri e Gronhaug, 2002). Isto deve-se ao facto de as perguntas (Apêndice) procurarem mais a opinião dos inquiridos do que respostas específicas e fechadas. As perguntas gerais, como o género, a faixa etária, a profissão, etc., serão feitas através de perguntas estruturadas. No entanto, a pergunta relativa ao ponto de vista e ao efeito das fusões e aquisições da empresa será semi-estruturada. A entrevista começará com o nome da empresa, o cargo ocupado e a duração do serviço, o que ajudará o investigador a conhecer o trabalhador e a importância do seu ponto de vista. Em seguida, o questionário incide diretamente na parte relativa às fusões e aquisições. Em seguida, é perguntado o ponto de vista das amostras e a sua reação a essas questões, bem como o papel dos RH no processo de integração e eventuais recomendações ao departamento de RH. As respostas serão registadas com a autorização dos inquiridos para obter um ponto de vista claro e imparcial, de modo a que os dados utilizados estejam intactos e representem as respostas exactas.

Para conceber um questionário, é necessário ter em conta as questões éticas. Isto significa que o consentimento dos inquiridos deve ser uma prioridade e que o objetivo do questionário deve ser claramente definido, assegurando a finalidade e a forma como os dados serão utilizados. Além disso, é preciso ter em mente o objetivo da investigação (Cohen et.al, 2007). Os académicos forneceram várias orientações sobre como elaborar um questionário e como a recolha de dados é efectuada através de perguntas. No caso de uma entrevista, pode ser utilizado um conjunto de perguntas apenas para efeitos de orientação, a fim de obter as respostas pretendidas.

3.10 Apresentação e análise dos dados

Após a recolha dos dados, é necessário saber como os dados devem ser apresentados para compreender a informação (Saunders et.al, 2000). Existem várias formas de apresentar os dados obtidos através de entrevistas ou inquéritos. As formas mais comuns de apresentar os dados são sob a forma de "gráficos de Gant". Os gráficos podem ir de simples tabelas a tabelas ou gráficos mais sistemáticos, como diagramas, figuras, diagramas de pizza, gráficos, etc. Os dados também podem ser apresentados de forma descritiva quando a investigação lida sobretudo com dados qualitativos.

Para esta investigação, as informações obtidas através do questionário são os dados que precisam de ser apresentados. Como a natureza da investigação é exploratória e se baseia em informações descritivas, a utilização de gráficos de Gant não é importante. No entanto, em qualquer investigação relativa à recolha de dados primários, a utilização de tais gráficos é essencial para melhor focar a informação obtida. Assim, para esta investigação, as informações obtidas junto dos empregados da ASDA e das lojas Netto serão apresentadas sob a forma de discussão na secção de resultados, mais adiante na investigação.

3.11 Questões éticas

A questão ética refere-se principalmente aos códigos de conduta na realização de qualquer investigação em que seja necessário obter informações de várias fontes. As questões éticas são muito variadas e abrangem questões de privacidade, pirataria, confidencialidade, equidade, autorização, consentimento, etc. (Saunders et al, 2000).

Existem diretrizes profissionais e códigos de conduta relativos a investigações relacionadas com as empresas na área da investigação contabilística, dos profissionais da área fiscal, dos estudos de mercado, etc. (Cohen et.al, 2007). Embora a maior parte destes aspectos diga respeito a questões processuais de ética na investigação, a ética relacionada com o bom ou o mau, o certo ou o errado tem de ser considerada na determinação do objetivo, finalidade, conteúdo e relatório da investigação (Cohen et.al, 2007).

As questões éticas prováveis para a presente investigação são as seguintes: a obtenção de literatura das várias fontes tem de ser legal, o que significa que o investigador tem de ter acesso válido a livros e revistas e que tem de ser dado crédito ao que está a ser citado. Há que ter em conta os direitos de autor dos materiais. Os inquiridos das organizações têm de ser abordados de uma forma formal, o que significa que tem de ser obtida previamente uma autorização adequada. Por exemplo, o investigador deve respeitar o horário oficial da empresa, em vez de a incomodar a meio da noite. O objetivo das perguntas e a forma como os dados serão utilizados devem ser claros. Antes de mencionar qualquer nome ou cargo dos inquiridos, é necessário obter autorização. No caso presente, por razões éticas, os nomes e os cargos não serão revelados, mas as opiniões obtidas serão utilizadas de forma analítica adequada no capítulo das conclusões, mais adiante na investigação. Assim, nesta investigação, o investigador certificar-se-á de informar os inquiridos-alvo sobre as questões éticas e será abordado de uma forma amigável. Os inquiridos serão informados sobre a sua privacidade e, se necessário, ser-lhes-á fornecida uma cópia final do trabalho de investigação para sua garantia.

3.12 Resumo dos Métodos

Esta investigação foi abordada através de um método indutivo devido à natureza exploratória do tema. O estudo não é nem puramente teórico nem empírico, uma vez que inclui ambas as teorias e procura também informação em fontes primárias. Os dados recolhidos para a investigação contêm dados primários e secundários. Os dados primários são recolhidos junto dos inquiridos-alvo e os dados secundários foram amplamente utilizados durante a revisão e análise da literatura. Os dados recolhidos foram registados para garantir a sua exatidão. Durante a investigação, foram analisados sobretudo dados qualitativos, uma vez que a natureza da informação obtida não exige uma análise quantitativa. Isto deve-se ao facto de as respostas obtidas para os dados primários serem, na sua maioria, pontos de vista descritivos, o que exige uma descrição. Também durante a recolha de dados secundários para a revisão da literatura foi efectuada uma análise qualitativa.

A amostra escolhida para a investigação foi uma amostra não probabilística, o que significa que os inquiridos visados foram selecionados e abordados. Assim, foi adoptada uma técnica de amostragem não probabilística conveniente. No que se refere à apresentação e análise dos dados, as respostas dos inquiridos, juntamente com os resultados da investigação da literatura, foram incluídas no capítulo seguinte, onde os resultados são discutidos de forma descritiva.

3.13 Limitações

A limitação do estudo é o pequeno número de amostras numa indústria específica de retalho de supermercados. Assim, os resultados da investigação não podem ser generalizados para outros sectores específicos. Além disso, a natureza qualitativa da investigação limita a capacidade de generalizar os resultados devido à dimensão reduzida e não aleatória da amostra. Além disso, devido à pressão do tempo e à falta de dimensão da amostra, não houve comparabilidade suficiente. Além disso, não era financeiramente viável deslocar-se às lojas Netto adquiridas pela ASDA em diferentes locais no Reino Unido, pelo que apenas foi visitada uma loja (Anexo) para recolher as informações necessárias. Assim, foi necessário contactar pessoas de organizações retalhistas semelhantes para aumentar a fonte de informação primária. Além disso, não existem artigos de revistas e livros suficientes sobre a questão das funções dos RH nas fusões e aquisições. Todos os dados recolhidos na literatura sobre fusões e aquisições baseiam-se na estrutura da empresa e na eficiência financeira; os artigos menos específicos referem-se ao impacto direto no departamento de RH. No entanto, é necessária uma investigação mais aprofundada para apoiar as conclusões, alargando a investigação a outros sectores e uma investigação mais aprofundada sobre esta questão pode apresentar um resultado diferente.

CAPÍTULO 4: APRESENTAÇÃO E ANÁLISE DOS DADOS

Este capítulo trata dos resultados da investigação e da análise dos dados registados obtidos durante a entrevista e discute-os com os resultados da literatura relevante. Este capítulo apresenta as conclusões, em que as respostas à entrevista dos inquiridos-alvo são apresentadas de forma descritiva, para além de outras conclusões obtidas durante a investigação documental. Por último, este capítulo analisa toda a informação recolhida para identificar os dados relevantes para atingir o objetivo da investigação.

4.1 CONCLUSÕES E ANÁLISE DOS DADOS

4.1.1 CONCLUSÕES DA ENTREVISTA COM OS INQUIRIDOS

O objetivo da investigação era obter pontos de vista dos trabalhadores da Asda e da Netto que estiveram envolvidos no processo de aquisição. Assim, as respostas dos anteriores trabalhadores da Netto e dos novos gestores transferidos da Asda foram orientadas para encontrar a resposta à forma como a aquisição foi integrada tendo em conta as dimensões dos recursos humanos.

A entrevista e a resposta à entrevista concebida para esta investigação revelaram várias conclusões relacionadas com os aspectos humanos de um cenário de fusão e aquisição. Em primeiro lugar, verificou-se que, de um modo geral, a aquisição foi acolhida com muito agrado por ambos os grupos de trabalhadores das organizações que se fundiram. Em segundo lugar, os anteriores trabalhadores da Netto revelaram o seu entusiasmo por passarem a fazer parte de uma empresa muito maior e de renome. Em terceiro lugar, vários dos anteriores trabalhadores da Netto manifestaram a sua esperança e estavam muito motivados, uma vez que viam perspectivas de futuro na sua carreira na Asda. Em quarto lugar, relativamente à questão do ambiente de trabalho, foram recebidas várias respostas. Na sua maioria, os novos trabalhadores do Asda sentiam-se confortáveis em termos de descrição das suas funções, uma vez que estas eram semelhantes às do seu anterior emprego, uma vez que ambas as empresas operavam essencialmente no sector da venda a retalho de produtos alimentares.

Por último, no que se refere à cultura organizacional, os inquiridos que trabalharam anteriormente para a Netto expressaram a sua opinião de que se trata de um ambiente de aprendizagem. Um dos inquiridos afirmou em - *"uma vez que a aquisição foi recente, continua a haver muita formação e acompanhamento"*. Outro inquirido respondeu que *"estamos a aprender muitas coisas sobre serviços ao cliente e a aprender a lidar com as novas linhas de produtos"*. Relativamente ao ambiente de trabalho, um dos inquiridos transferidos de outra loja ASDA afirmou que *"não fez muita diferença para nós, pois já estamos habituados ao trabalho"*. Outro inquirido referiu, apontando para a nova configuração da loja, que *"já não existe nada da empresa anterior e a loja está agora totalmente transformada no formato Asda"*. Quando questionado sobre questões relacionadas com a perda de postos de trabalho ou quaisquer incertezas, um dos inquiridos respondeu que *"não havia nada a temer em relação à segurança do emprego, uma vez que as novas lojas Asda exigiam um maior recrutamento, pois foram criados mais postos de trabalho"*.

Para além das respostas, houve várias outras descobertas durante o período de investigação. A pesquisa de notícias relevantes sobre a aquisição revelou a existência de conflitos entre trabalhadores e questões de incerteza em alguns locais das lojas recentemente adquiridas pela Asda (The News). Uma loja específica em Leigh Park, em East Hampshire, no Reino Unido, foi afetada por questões de ambiguidade, uma vez que a decisão de abrir uma nova loja Asda foi posteriormente anulada. Os trabalhadores estavam dispostos a tornar-se novos funcionários da Asda, mas foram informados de que seriam transferidos para outra loja nas proximidades (The News). Para além disso, os sítios Web da empresa não revelam quaisquer questões de recursos humanos, para além da notícia da aquisição. As constatações gerais efectuadas durante a investigação também apontaram para algumas informações importantes. A visita às lojas para a realização de entrevistas revelou que todas as lojas estavam agora decoradas com o tema, a disposição e a estrutura da empresa Asda. As lojas eram agora mais luminosas e espaçosas, com mais ofertas, em comparação com as anteriores lojas Netto.

4.1.2 CONCLUSÕES DA LITERATURA

A literatura relacionada com o tema da investigação revelou várias informações sobre fusões e aquisições de empresas. A literatura revelou muitas investigações anteriores e escritos académicos sobre o tema. As conclusões da literatura são agora apresentadas, por sua vez, para encontrar a relevância com a recente aquisição da Netto pela Asda

4.1.2.1 Fusões e aquisições da Asda

A literatura forneceu a definição básica de fusões e aquisições de empresas. Além disso, forneceu os objectivos das fusões e das aquisições. Verificou-se que as fusões e as aquisições são transacções juridicamente diferentes. No caso do presente estudo sobre a Asda, tratou-se de uma aquisição definitiva da Netto, o que significa que a Asda assumiu plenamente o controlo da empresa. No entanto, verificou-se igualmente que, apesar das diferenças jurídicas, existe uma questão comum que é a cooperação entre dois grupos de trabalhadores.

Por outro lado, a literatura aponta várias razões para a realização de fusões e aquisições, que se estão a tornar muito comuns no atual ambiente empresarial competitivo. Verifica-se que as principais razões são a entrada num novo mercado, o aumento da quota de mercado, o aumento do número de clientes, a redução das lacunas da concorrência, a aquisição de conhecimentos e o aumento da eficiência. Além disso, verifica-se também que a literatura relativa à dimensão humana das fusões e aquisições se centra principalmente nas questões da implementação e dos resultados. No entanto, observa-se também que, nas empresas que lidam com tecnologias informáticas, o objetivo de aumentar a eficiência e obter acesso a talentos e conhecimentos é um dos objectivos subjacentes à fusão ou aquisição. No caso do presente estudo, a aquisição da Netto pela Asda tinha como principal objetivo aumentar a quota de mercado, aumentar o acesso dos clientes e reduzir as diferenças de concorrência com os líderes de mercado Tesco e Sainsbury's. Assim, a principal razão para a aquisição é revelada na investigação, mas, no entanto, o objetivo de aumentar o desempenho pode não ser evidente à partida, mas, para ser bem sucedida, a integração do capital humano no processo de aquisição deve também ser considerada, para além das considerações financeiras e jurídicas. Por outro lado, verifica-se que, na perspetiva da Netto, a associação com a Asda foi antes uma estratégia de sobrevivência, uma vez que a sua posição no mercado estava a tornar-se fortemente difícil devido à forte concorrência de retalhistas de desconto como o Lidl e o Aldi.

4.1.2.2 Realização de fusões e aquisições pela Asda

A literatura revelou estudos realizados por várias empresas de consultoria de gestão e investigadores académicos sobre a implementação bem sucedida da fusão e aquisição. A velocidade de integração e várias questões de recursos humanos foram encontradas na literatura relativamente à implementação. Verifica-se que, na implementação da aquisição , é necessário ter em conta várias questões, como a necessidade de comunicar com os trabalhadores, a necessidade de conceber uma nova estrutura organizacional, a necessidade de integrar os departamentos funcionais, a divisão de responsabilidades, etc. Verifica-se que a implementação de uma fusão e aquisição pode ser morosa. Poderá ser necessário alterar os sistemas e processos existentes. Por último, verifica-se também que, se as implementações forem mais rápidas, a organização beneficiará definitivamente em termos financeiros. Na presente investigação, verificou-se que a Asda adquiriu a Netto em setembro de 2010 e que, por esta altura, já converteu as lojas Netto para o formato e disposição da Asda, alterando todo o aspeto dos pontos de venda. Mas como é que os recursos humanos foram preparados para o novo papel e trabalho, verifica-se que ainda está a decorrer formação e monitorização.

4.1.2.3 A diferença cultural entre a Asda e a Netto

A revisão da literatura e os antecedentes da investigação mostram os antecedentes da empresa e a questão da cultura organizacional. Verifica-se que as duas organizações objeto da investigação operam no mesmo sector, mas com quotas de mercado e imagens diferentes junto dos clientes. Verificou-se que a Asda é um dos principais intervenientes no sector da venda de produtos de mercearia no Reino Unido e é propriedade do gigante mundial do retalho Wal-Mart. Inicialmente, a Asda era uma empresa britânica, mas a Wal-Mart, sediada nos EUA, adquiriu-a há algum tempo. Isto mostra que a Asda já tinha passado por um processo de integração antes do atual. Por outro lado, verificou-se que a Netto operava com uma quota de mercado muito reduzida e que se debatia com os seus concorrentes mais próximos no mercado.

Relativamente à cultura, verifica-se que esta desempenha um papel importante no funcionamento de uma organização. Verifica-se também, com a devida profundidade, que a incompatibilidade cultural conduz frequentemente ao fracasso da integração ou torna o processo moroso. Verifica-se que a entrada numa nova cultura pode perturbar o modo ou o processo normal de funcionamento da organização. Muitas vezes, a diferença leva a uma colisão. Mas também se verifica que um controlo de gestão eficaz pode ultrapassar o problema. O conceito de "aculturação" é importante, sendo recomendada a junção de duas culturas em vez da abolição total de outra. A diferença cultural pode ser de grande amplitude. Pode acontecer que a estrutura e a atitude da organização em relação aos trabalhadores sejam diferentes.

O presente estudo sobre a Asda e a Netto revela igualmente algumas diferenças culturais. Os antecedentes das empresas eram completamente diferentes, tendo em conta a forma como eram detidas e exploradas. Embora ambas as empresas operassem no mesmo sector, a Asda detinha uma posição de mercado mais forte do que a Netto. Tal como constatado durante a investigação e, em geral, o serviço prestado anteriormente pela Netto aos clientes era inferior ao da Asda. Assim, as questões culturais relativas aos serviços aos clientes eram diferentes nas duas organizações. A forma como o capital humano trabalhava no quotidiano também era diferente. Verifica-se que a diferença de cultura causa problemas, mas não constitui uma razão fundamental para o êxito ou o fracasso da fusão e da aquisição.

4.1.2.4 O efeito provável sobre os trabalhadores num processo de aquisição

A literatura revelou que pode haver alguns efeitos sobre os trabalhadores numa aquisição. Trata-se principalmente de incerteza quanto ao emprego, receio de perda de emprego, novas relações de trabalho, medidas de desempenho, transferências, etc. A literatura não ajuda a perceber qual terá sido, de facto, o efeito da aquisição sobre os trabalhadores da Netto. No entanto, uma notícia mostra a questão da incerteza e da transferência neste processo de aquisição. Trata-se, portanto, de uma limitação à investigação e poderia ser melhor enriquecida através da realização de uma investigação alargada sobre as lojas adquiridas em todo o país.

4.1.2.5 A questão da relação entre a Asda e a Netto

A literatura mostrou que, se as empresas estiverem relacionadas em termos de meios externos e internos, a integração pode tornar-se mais conveniente. A relação externa foi considerada como o ambiente externo das organizações combinadas, em termos da sua indústria, clientes e ofertas ao mercado. A relação interna foi determinada pela semelhança entre o estilo de gestão interna e a natureza da atividade.

A aquisição da Netto pela Asda tinha algumas relações externas, uma vez que operavam no mesmo sector. As suas ofertas eram principalmente de venda a retalho de produtos de mercearia no mercado. Por outro lado, estavam, em certa medida, relacionadas internamente, uma vez que ambas as organizações necessitavam de sistemas de controlo de existências e de manuseamento de produtos de mercearia e operavam diretamente com os clientes. Esta questão da relação ajuda no processo de integração, quer acelerando o processo, quer evitando a necessidade de explicar os objectivos e metas da empresa.

4.1.2.6 A literatura sobre o papel do departamento de recursos humanos das organizações de combinação

A literatura mostra várias funções do departamento de recursos humanos numa organização. Trata-se sobretudo do papel geral que é normalmente desempenhado pelo departamento de recursos humanos. Além disso, o papel específico que pode ser desempenhado pelo departamento também se encontra numa vasta literatura de vários trabalhos académicos.

Várias funções, como a criação de uma nova visão, a definição de novas políticas e procedimentos de trabalho, a comunicação da integração e dos benefícios que esta pode ter para os trabalhadores e para a empresa, são normalmente desempenhadas pelos departamentos de recursos humanos das organizações que se associam. A função de identificar os recursos existentes e encontrar as lacunas é considerada uma função do departamento de recursos humanos. O papel de conduzir planos de formação e desenvolvimento para atingir o novo objetivo também é encontrado. Os recursos humanos são também responsáveis pela criação de uma nova visão entre os trabalhadores e desempenham-na eles próprios ou através de diferentes departamentos. O papel dos recursos humanos na aquisição da Netto exigiu igualmente o desempenho destas funções.

4.1.2.7 Gestão da mudança em organizações que combinam

A literatura mostrou a necessidade de uma gestão eficaz da mudança no processo de integração. A gestão da mudança refere-se geralmente a possibilidades de mudanças que são susceptíveis de ocorrer e é necessário lidar com qualquer resistência ou fricção de qualquer parte dentro ou fora da organização. Nesta investigação, verificou-se que a Asda teve de vender algumas das lojas adquiridas devido à decisão de venda do Office of Fair Trading (OFT). Assim, a questão de lidar com a mudança atraiu a atenção. No entanto, a investigação não permitiu apurar de que forma este facto pode ter afetado a gestão interna dos trabalhadores das lojas Netto adquiridas ou o que significou efetivamente a venda: apenas as instalações ou a empresa ? Mas, tanto quanto sugerem os resultados, é importante que as questões da resistência e da forma de facilitar a implementação da necessidade de gestão da mudança sejam importantes.

Capítulo 5: Resultados e Discussões

Este capítulo tem por objetivo apresentar as informações recolhidas até à data a partir da entrevista e da literatura, a fim de encontrar a resposta à pergunta de investigação. O resultado da investigação e a subsequente discussão analítica são apresentados neste capítulo. Depois de reunir a literatura e os resultados da investigação a partir da entrevista, foram obtidas as informações relevantes para cumprir os objectivos e metas da investigação. Os dados recolhidos a partir da entrevista centrada nas dimensões dos recursos humanos dão resposta à pergunta de investigação.

O objetivo de encontrar o processo de integração do capital humano numa situação de aquisição revela como é criada a questão do novo ambiente de trabalho, da nova cultura organizacional e das novas possibilidades. Ao fazê-lo, é necessário identificar a forma como a força de trabalho reage ao novo objetivo organizacional combinado para facilitar a compreensão da integração humana. A entrevista com os anteriores trabalhadores da Netto sugere que a maioria dos trabalhadores aceitou a aquisição. Tal deveu-se principalmente ao facto de passarem a fazer parte de uma grande empresa do mesmo sector com uma melhor imagem no sector. Assim, é óbvio que a aquisição foi inicialmente acolhida com entusiasmo. Assim, isto leva a supor que, quando a aquisição é efectuada por uma grande organização com uma melhor imagem da empresa à partida e, ao mesmo tempo, a organização visada é substancialmente "mais pequena", o processo de obtenção de uma abordagem consentida para a aquisição pode ser muito mais fácil. No entanto, as razões realistas para este entusiasmo podem também dever-se ao facto de os trabalhadores poderem ver benefícios a longo prazo e perspectivas de desenvolvimento da carreira num leque mais vasto de áreas.

No que se refere às respostas sobre a futura carreira na nova organização, os trabalhadores revelaram que a criação de novos postos de trabalho e a necessidade de recrutar mais trabalhadores deram aos actuais trabalhadores a necessária garantia de segurança no emprego. Em particular, a formação e o acompanhamento dos trabalhadores sugerem que o processo de integração é uma abordagem contínua e faseada para moldar a nova força de trabalho ao espírito dos novos objectivos da empresa. Do mesmo modo, as reacções dos actuais funcionários da Asda sugerem que quase não tiveram problemas durante a integração, uma vez que já estavam habituados à organização, à sua cultura, funções e responsabilidades. Por conseguinte, isto sugere definitivamente que a cultura da empresa adquirente está a prevalecer em toda a nova entidade combinada. Além disso, a alteração da disposição e do design das lojas Netto recentemente adquiridas para o formato Asda indica claramente que já não existe nada da antiga organização. Esta questão importante sugere que, numa aquisição definitiva, a cultura da empresa dominante prevalece sobre a da empresa adquirida. Neste cenário, a cultura dominante foi facilmente incorporada na força de trabalho da empresa anterior. Este facto demonstra a eficácia dos departamentos de recursos humanos das organizações na criação de uma situação em que a transição da força de trabalho foi facilitada.

No que diz respeito à adaptação da nova mão de obra ao espírito e à cultura da organização dominante, os trabalhadores sugeriram que a formação e o acompanhamento fossem um processo contínuo, mesmo após a conclusão da aquisição. O papel de "formação" do departamento de recursos humanos, quer diretamente quer através de departamentos, sugere que, mesmo após a aquisição, é necessária uma formação e um acompanhamento contínuos. Este facto demonstra a importância das funções de formação e desenvolvimento do departamento de recursos humanos. Trata-se de um papel dos recursos humanos que deve ser corretamente desempenhado mesmo após a fusão. Por conseguinte, a formação e o desenvolvimento contínuos da mão de obra, a fim de acompanhar os objectivos da empresa em matéria de fusões e aquisições, garantem o objetivo de aumentar a eficiência, juntamente com os objectivos mais amplos de aumentar a quota de mercado.

As conclusões da literatura sobre fusões e aquisições de empresas apontam para a questão do "parentesco" das organizações objeto de fusão. O "parentesco" refere-se às semelhanças externas e internas das organizações objeto de fusão. Esta questão da afinidade foi identificada na resposta do inquirido, uma vez que as empresas operavam principalmente no mesmo sector. Isto significa que, como ambas as empresas tinham uma semelhança comum, embora a dimensão das suas operações, ambas operavam no sector retalhista. Em alternativa, no que diz respeito à gestão interna e à descrição das funções, ambas as empresas tinham de lidar com pontos de venda a retalho e servir os clientes. Assim, a questão da "relação de parentesco" entre as empresas pode ser um fator indicativo que ajuda a acelerar o processo de integração da mão de obra nas fusões e aquisições.

Os resultados da literatura mostram que é necessário assegurar uma comunicação eficaz e uma gestão da mudança. Os inquiridos estavam todos cientes da aquisição. No entanto, a forma como o departamento de recursos humanos lidou com esta situação carece de uma investigação mais aprofundada. As questões da perda de emprego, da incerteza ou de qualquer ambiguidade são consideradas as principais razões que afectam a força de trabalho numa situação de aquisição. Assim, as conclusões do artigo de jornal sobre uma loja específica em Leigh Park sugerem que havia questões de incerteza entre os empregados. No entanto, se tal se deveu a uma falha dos departamentos de recursos humanos ou a quaisquer outras razões, será necessário aprofundar a questão. Assim, para além deste aspeto, a questão geral de qualquer possível incerteza não foi revelada durante a entrevista, mas, curiosamente, mostrou que a necessidade de mais recrutamento ajudou de alguma forma a evitar as incertezas. Tal como observado anteriormente na literatura, as empresas numa fusão e aquisição tentam utilizar as suas capacidades e instalações existentes, o que reduz frequentemente a possibilidade de incertezas em matéria de emprego.

O objetivo da investigação era analisar a aquisição da Netto, o papel dos recursos humanos no processo de integração e identificar os possíveis conflitos. Os resultados revelaram que a aquisição da Netto foi muito bem gerida pela Asda, uma vez que as respostas à entrevista não sugerem quaisquer dificuldades relacionadas com o emprego. Além disso, a aquisição foi acolhida com agrado. Em segundo lugar, o papel dos recursos humanos no processo sugere que foram capazes de lidar com o objetivo da aquisição e de formar a mão de obra para a nova visão. A possibilidade de quaisquer conflitos ou resistências foi também reduzida. Embora os resultados não indiquem claramente se foi o departamento de recursos humanos das organizações ou se se deveu ao facto de a Asda ser muito mais apelativa para os trabalhadores em termos de perspectivas de carreira na empresa. Por conseguinte, é necessária uma análise mais aprofundada para determinar o resultado com maior exatidão. No que se refere à principal questão de investigação, ou seja, a forma como a aquisição afectou o papel dos recursos humanos e como se processou a integração, concluiu-se que, de um modo geral, a integração foi bem sucedida e que o papel desempenhado pelos departamentos de recursos humanos foi desempenhado sem problemas. No entanto, é necessária uma exploração mais aprofundada, uma vez que a aquisição da é bastante recente e um acompanhamento da investigação permitirá determinar com maior exatidão até que ponto a integração humana foi bem sucedida.

Capítulo 6: Conclusão e Recomendações

6.1 Conclusão da dissertação

No final desta investigação pode afirmar-se com confiança que os resultados deste estudo revelaram respostas aos objectivos e finalidades do mesmo. Foi observada uma correlação positiva entre a literatura e a organização em estudo. De acordo com os objectivos definidos no capítulo 1, a investigação apresentou as conclusões necessárias da literatura e a análise da questão de investigação.

As fusões e aquisições de empresas são utilizadas como medidas estratégicas para atingir vários objectivos empresariais. No atual ambiente empresarial global, a necessidade de cooperação e de acesso a um vasto mercado exige que as organizações empresariais formem alianças estratégicas e fusões e aquisições, tanto a nível internacional como local. Há várias razões subjacentes a estas medidas, sendo os principais objectivos das empresas ganhar acesso a novos mercados, aumentar a quota de mercado, aumentar os lucros, etc. Mas, ao mesmo tempo, aumentar a eficiência da empresa, adquirir conhecimentos, desenvolver a mão de obra é igualmente importante para atingir o objetivo mais amplo de lucro e quota de mercado.

Embora todas as integrações financeiras e jurídicas tenham lugar numa fusão e aquisição, a necessidade de integrar o capital humano é muito crucial. São os empregados e toda a força de trabalho, desde o nível mais alto até ao mais baixo da organização, que irão concretizar o objetivo da empresa. Por conseguinte, devem ser feitas considerações cuidadosas antes, durante e após a integração. Quaisquer possibilidades de resistência à mudança, incertezas e medidas para manter os trabalhadores existentes devem ser corretamente geridas, estabelecendo um equilíbrio adequado entre os interesses dos recursos humanos e os interesses da empresa.

A aquisição da Netto pela Asda foi igualmente um exemplo do vasto leque de fusões e aquisições que se verificam nas empresas actuais. O principal motivo da aquisição, tal como descoberto na investigação, foi aumentar a quota de mercado, reduzir as lacunas na concorrência e obter acesso a mais clientes. Após a conclusão da investigação e das entrevistas com a organização, é evidente que, para atingir estes objectivos, é necessário formar e desenvolver os recursos humanos. É importante informar os trabalhadores, definir orientações claras quanto à carreira futura e criar a nova estrutura organizacional. Em resumo, a aquisição da Netto foi analisada de forma crítica e foi observado o papel do departamento de recursos humanos na integração.

6.2 Recomendações

Este estudo pode ser recomendado como fonte de referência para investigadores interessados em fusões e aquisições. Os profissionais de recursos humanos das organizações combinadas podem utilizar este trabalho para obter uma perspetiva da integração do capital humano nas fusões e aquisições. As organizações empresariais do sector retalhista semelhante podem utilizar este estudo para fornecer orientações sobre o que deve ser feito em situações semelhantes, caso venham a adquirir outra empresa.

Para além disso, com base nos resultados da investigação, pode recomendar-se à recém-combinada Asda e Netto que o entusiasmo observado nos trabalhadores é um sinal positivo para o êxito da integração. Assim, recomenda-se que sejam tomadas todas as medidas para garantir que este entusiasmo se mantenha entre os funcionários no futuro. Além disso, recomenda-se à organização que aproveite a vantagem da "relação de parentesco" da empresa, que contribuiu para a fusão efectiva dos recursos humanos. Recomenda-se à organização que o departamento de recursos humanos efectue um inquérito sobre os recursos humanos relativamente à aquisição e aos seus sentimentos, a fim de identificar quaisquer questões que possam ser benéficas ou igualmente prejudiciais para a empresa. Se for viável, podem ser contactadas agências de investigação de terceiros para realizar o inquérito, a fim de garantir uma investigação imparcial.

6.3 Investigação futura

Esta investigação pode ser realizada de forma mais elaborada no futuro, tentando ultrapassar as limitações da investigação. Com mais tempo disponível, pode ser efectuado um estudo analítico mais prático. No futuro, podem ser utilizados questionários e entrevistas mais pormenorizados para revelar os aspectos internos da integração humana. A amostra escolhida para investigação futura nesta aquisição pode ser alargada para abranger todos os prováveis inquiridos-alvo da empresa. Além disso, os futuros investigadores, sejam eles académicos ou profissionais, podem enriquecer o método de investigação e os resultados e análises subsequentes.

Referências

Asda Stores Ltd in Retailing- United Kingdom, 2011 Retrieved from https://www.portal.euromonitor.com/Portal/ResultsList.aspx (Acedido em 10 de novembro de 2011)

Antila, E. M. e Kakkonen, A (2007) - 'Factors Affecting the Role HR in international mergers and Acquisitions' Emerald group Publishing Limited. 37(3), 280 -299

Appelbaum, S.H, Lefrancois, F., Tonna, R e Shapiro, B.T, (2007) - 'Mergers 101 (parte dois): training managers for culture, stress, and change challenges', Industrial and Commercial Training, Emerald Group Publishing Limited, 39(4) 191-200.

Bechel R.L, e Squires F.K, (2001) - "Tools and Technique to Facilitate Change", Industrial and Commercial Training, Emerald Group Publishing Limited, 3(7) 249-254

Sítio Web de ligação empresarial [Em linha].
http://www.businesslink.gov.uk/bdotg/action/detail?itemId=1074409643&r.i=10
74409607&r.l1=1074404796&r.l2=1074404799&r.l3=1074407579&r.s=m&r.t
=RESOURCES&type=RESOURCES (Acedido em 11 de novembro de 2011)

Cartwright, S. e Cooper Cary L. (1990) "Impact of Mergers and Acquisitions on People at Work: Existing Research and Issues" British Journal of Management 1, 65-76.

Chatterjee S, Lubatkin M, Schweiger DM, Weber Y. 1992. Cultural differences and shareholder value in related merger: linking equity and human capital. Strategic Management Journal 13(5): 319-334.

Cohen, L. Manion, L. e Morrison, K. (2007), 'Research Methods in Education', 5ª edição, Routledge Falmer: Taylor and Francis Group.

De Wit, B. e Meyer, R. (2010) - Strategy Process, Content, and Context International Perspective, 4th Edition, Thomson Learning

Dave Ulrich, Justin Allen, Wayne Brockbank, Jon Younger e Mark Nyman 2009-

"Human resource Transformation Building HR from Outside In". Mcgraw Hill.

Fujitsu Consulting, (2001) 'M&A Survey: The Link between Shareholder Value and Post-Merger Integration". DMR: Nova Iorque.

Frankema, K.B., (2001) - "On Managing cultural integration and cultural change process in Mergers and Acquisitions", Journal of European Industrial training, MCB University Press.

Ghauri, P. e Gronhaug, K., (2002). 'Research Methods in Business Studies: A Practical Guide", 2ª edição. Harlow: Financial Times

Galpin, T.J., & Herndon, M. 2007- "Mergers and Acquisitions-Process and tools to support M&A at every Levels", 2nd Edition, John Wiley & Sons. Capítulos 1, 2, 10, 11.

Hovers, J. (1973) "Expansion through Acquisition" Business Book Limited, Londres

Homburg C. e Bucerius M. (2005). "A marketing perspective on mergers and acquisitions: how marketing integration affects post-merger performance". Journal of Marketing 69: 95-113.

Hombburg, C. e Bucerius, M. (2006) - "Será a velocidade de integração realmente um fator de sucesso das fusões e aquisições? An Analysis of the Role of External and Internal relatedness". Strategic Management Journal, publicado por John Wiley and Sons.

Humpal, J.J. (1971). 'Aconselhamento matrimonial organizacional: A First Step'. Journal of Applied Behavioural Science, publicado no British Journal of Management, (1990).

Hagedorn J, e Duysters G. 2002. The effect of mergers and acquisitions on the technological performance of companies in a high-tech environment. Technology Analysis and Strategic Management 14: 67-85.

Johnson, G., Scholes, K. e Whittington, R. (2008) Exploring Corporate Strategy: Text and Cases, 8th Edition, Financial Times Prentice Hall.

Larsson, R., e Lubatkin, M., (2001) - "Achieving Acculturation in Mergers and Acquisitions: An International Case Survey", The Tavistock Institute, Sage publications.

Mirvis, P. H. (1985). 'Negotiations after the Sale: The Roots and Ramifications of Conflict in an Acquisition". Journal of Occupational Behaviour, publicado no British Journal of Management, (1990).

Mangham, I. (1973). Facilitating Intra organizational Dialogue in a Merger Situation" [Facilitando o diálogo intra-organizacional numa situação de fusão]. Journal of Interpersonal Development, 4, 133-147.

Mintzberg, H., Lampel, J., Brian Quinn, J., e Ghosal, S. (2003) - The Strategy Process-Concepts, Contexts, Cases, 4th Edition, Financial Times Prentice Hall, Capítulo 10

Mullins L.J, 8th Editiion 2007- "Management and organisational behaviour"- FT prentice hall. Capítulo 13

Napier, N. K. (1989) - "Mergers and Acquisitions, Human Resource Issues and Outcomes: A Review and Suggested Typology"- Journal of Management Studies 23:3.

Politt, D. (2004) - 'When Asda employees joined the Wal-Mart Family, Supermarket takeover was a meeting of Cultures', Human Resource Management, Emerald Group Publishing Limited. 12(6) 18-20

Pritchett, P. 1997, - "After the Merger-The Authoritative Guide for Integration Success", 2ª edição, McGraw Hill Publications

Peter, H. e Alan, M., (1992) "The manual of learning styles" 3ª Edição. Maidenhead.

Saunders, M., Lewis P. e Thornhill A. (2000) 'Research Methods for Business

Students' 2ª edição. Financial Times Prentice Hall.

Shrivastava, P. (1986). 'Post-merger integration'- Journal Of Business Strategy, Publicado no Journal of Management Studies, (1989).

Siegenthaler, Paul J. (2011) - "What Role for HR during Mergers and Acquisitions" Human Resource management International Digest 19(1), Emerald Group Publishing Limited.

Seth A. 1990. Value creation in acquisitions: a re-examination of performance issues. Strategic Management Journal 11(2): 99-115

Thill B., (2008). Business in Action with real Time Update 4ª edição Pearson Publication.

A notícia. [Online] -'Trabalhadores zangados com o plano da Asda para manter a loja aberta'. Recuperado
fromhttp ://www.portsmouth.co.uk/news/local/easthampshire/workers_angry_as

_asda_axes_plan_to_keep_store_open_1_2929035). (Acedido em 17
novembro, 2011)

APÊNDICES

APÊNDICE 1: ORIENTAÇÕES PARA AS PERGUNTAS DA ENTREVISTA

- Nome
- Idade
- Posição
- Duração do serviço
- Sabias da tomada de posse?
- Como é que se processou a transição?
- Foi-lhe dada informação adequada sobre o seu papel?
- Que mudanças observou no ambiente organizacional e na cultura?
- Como é que se sente? Vê-se a si próprio como um empregado da ASDA?
- Qual é a sua opinião sobre o papel dos RH na informação e orientação para as novas responsabilidades?
- Houve alguma preocupação com incertezas ou perda de emprego, etc.?

APÊNDICE 2: ENDEREÇO DA LOJA ASDA VISITADA

Loja 1

ASDA em

Supermercado de Stamford Hill

158 Clapton Common

Colina de Stamford

E5 9AG

loja 2

Asda em

Supermercado de Tottenham High Road

490 High Road

Tottenham

N17 9JF

Printed by Books on Demand GmbH, Norderstedt / Germany